RAYMOND GUYOT

DU DIRECTOIRE AU CONSULAT

LES TRANSITIONS

Extrait de la *Revue historique*,
Tome CXI, année 1912.

(Les tirages à part ne peuvent être mis en vente.)

PARIS

1912

RAYMOND GUYOT

DU DIRECTOIRE AU CONSULAT

LES TRANSITIONS

Extrait de la *Revue historique*,
Tome CXI, année 1912.
(Les tirages à part ne peuvent être mis en vente.)

PARIS

1912

DU DIRECTOIRE AU CONSULAT

LES TRANSITIONS.

I.

On sait quel régime avait établi en France la Constitution
votée, à la fin de l'an III de la République, par la Convention
nationale et acceptée ensuite par la très grande majorité des
citoyens, réunis dans les assemblées primaires. Ce régime a été
qualifié justement de « République bourgeoise » ou encore de
« République censitaire ». Il confiait le pouvoir exécutif à un
conseil électif de cinq membres, le Directoire, divisait le pouvoir
législatif également entre deux Conseils, indépendants du Directoire et élus au suffrage censitaire à deux degrés ; mais il n'éta-
blissait pas un gouvernement parlementaire, non plus qu'un
gouvernement à prérogative : le Directoire était sans action sur
la législation et le Corps législatif ne pouvait renverser le Directoire ni ses ministres.

Pendant toute la période où cette Constitution fut appliquée,
c'est-à-dire pendant quatre ans, du 4 brumaire an IV au 19 brumaire an VIII, la doctrine officielle représenta le texte constitutionnel comme à peu près intangible. On estimait que la Convention y avait condensé et concilié les vérités éternelles de la
philosophie politique avec les résultats de l'expérience et de l'histoire. Dans l'éloge qui en était fait à toute occasion, soit du
haut de la tribune, soit par écrit, les mots de « chef-d'œuvre de
l'esprit humain », « monument de la sagesse », « Palladium de
la France » revenaient sans cesse. La seule pensée de porter
atteinte, en quoi que ce fût, a l'un des 377 articles de la Constitution était qualifiée de sacrilège et d'exécrable. Lucien Bonaparte déclara même un jour que vouloir y introduire des perfectionnements était la marque d'un véritable « délire scientifique ».
Tous les ans, à l'anniversaire de la mort de Louis XVI, les

autorités publiques, les membres des deux Conseils, les fonctionnaires renouvelaient par écrit le serment de fidélité inviolable à la Constitution, et juraient en même temps haine à la royauté et à l'*anarchie*, c'est-à-dire au suffrage universel et à la démocratie directe.

Cependant, la modification du texte voté par la Convention n'était pas légalement interdite. Sans doute, l'article 375 faisait défense aux pouvoirs constitués d'y rien changer « dans son ensemble ni dans aucune de ses parties », mais il y avait un titre XIII intitulé *Revision de la Constitution*. A vrai dire, lorsqu'on en examine le dispositif, on est tenté de voir, dans les quinze articles qui le composent, une espèce de trompe-l'œil, un faux semblant de procédure de revision, tant les difficultés y sont accumulées. La proposition de reviser la Constitution doit venir du Conseil des Anciens, plus conservateur naturellement, en raison de l'âge de ses membres, que le Conseil des Cinq-Cents, qui doit ensuite ratifier le vote de l'autre assemblée. L'opération doit être répétée *trois fois*, à trois ans d'intervalle *au moins*, pour qu'une assemblée de revision soit convoquée. Cette assemblée de revision, censitaire, élue à deux degrés, composée d'hommes mûrs (quarante ans au moins, mariés ou veufs), étrangers à la politique[1] et peu nombreux, siégeant à plus de deux cents kilomètres de la capitale, loin de l'influence prépondérante de l'opinion populaire, ne peut se prononcer que sur les articles à elle déférés par les Conseils. Après quoi, la parole est aux assemblées primaires, qui acceptent ou rejettent les modifications proposées.

Il est visible que la Convention, en votant ce titre XIII, avait voulu rendre les changements à peu près impossibles. Elle n'avait pas suivi le vœu du représentant Philippe Delleville, qui demandait la peine de mort contre quiconque proposerait la revision, mais elle avait désiré, selon le mot d'un autre député, Hardy, « en éviter les occasions et tout ce qui pourrait en faire naître l'idée »[2]. C'est sans doute pourquoi l'article 377 et dernier remettait le dépôt de la Constitution à la fidélité de tous les Français, y compris « les épouses et les mères ».

En fait, cependant, cette Constitution était une œuvre com-

---

1. Les membres du Corps législatif ne peuvent en faire partie (art. 345). Il y a deux élus par département (art. 339).

2. *Réimpression de l'Ancien Moniteur*, t. **XXV**, p. 395.

plexe, un compromis entre diverses tendances, un résultat de l'expérience acquise depuis 1789, au cours de six années de révolution[1]. La pratique pouvait y révéler des imperfections, et c'est ce qui eut lieu presque tout de suite. La séparation des pouvoirs avait été opérée d'une façon si rigoureuse, qu'au moindre désaccord entre les Conseils et le Directoire, une crise grave se produisait. Aucun des deux pouvoirs ne pouvait agir légalement sur l'autre, puisqu'il n'y avait ni responsabilité ministérielle, ni droit de dissolution. On sait que cette situation conduisit à des mesures révolutionnaires, communément appelées coups d'État du 18 fructidor an V, du 22 floréal an VI et du 30 prairial an VII. Mais, à côté de ces entorses brutales données à la Constitution, il y avait eu toute une série d'actes extraordinaires et provisoires qui, pour avoir pris une forme législative régulière, n'en étaient pas moins contraires à la « charte nationale » de l'an III. Les lois qui suivirent ou accompagnèrent les trois « coups d'État » mises à part, on trouve encore dix-sept actes législatifs dérogeant plus ou moins aux articles constitutionnels, et généralement en faveur du Directoire. Les lois du 30 ventôse an V et du 6 germinal an VI ajoutèrent aux conditions établies par la Constitution pour être électeur, l'obligation d'une profession de foi républicaine. Celle du 3 brumaire an IV enlevait tous droits politiques aux personnes inscrites sur les listes d'émigrés, et celle du 30 pluviôse suivant laissait au Directoire le soin de reviser ces listes, de sorte qu'il devenait l'arbitre des capacités électorales d'un grand nombre de citoyens. La loi du 9 frimaire an VI lui donna un pouvoir analogue en ce qui concernait les anciens nobles ou anoblis, rayés en principe des listes électorales, mais susceptibles d'y être maintenus par une décision du gouvernement. Neuf autres lois (25 brumaire, 22, 24 et 25 frimaire, 4 pluviôse, 21 thermidor an V, 22 ventôse an V, 13 vendémiaire et 12 prairial an VI) donnèrent au Directoire le droit de nommer provisoirement, en tout ou en partie, les membres de tribunaux et d'administrations que la Constitution rendait électifs. En sens inverse, c'est-à-dire parmi les lois qui modifièrent la Constitution au détriment du pouvoir exécutif, on peut citer celle du 25 floréal an V, qui avance la date annuelle de cessation des fonctions du Directeur éliminé par le

1. Aulard, *Histoire politique de la Révolution française,* p. 571.

sort, celle du 7 thermidor an V, interdisant *provisoirement* les sociétés politiques, que la Constitution ne faisait que réglementer, et celle du 9 messidor an V, qui admettait aux fonctions publiques les individus inscrits sur les listes d'émigrés.

Ces atteintes nombreuses portées au texte et à l'esprit de la Constitution avaient naturellement diminué le respect quasi-superstitieux que l'on affichait pour elle au début de la période directoriale. Dès la mise en activité du gouvernement, un publiciste, Rœderer, avait demandé que les pouvoirs constitutionnels du Directoire fussent étendus, afin de supprimer les occasions de coup d'État[1]. Mais sa proposition n'avait pas été accueillie.

Au lendemain du 18 fructidor, des projets de revision constitutionnelle avaient été ébauchés. Le rapporteur même de la loi qui instituait une fête commémorative de cette « heureuse révolution », Boulay (de la Meurthe), avait invité le Corps législatif à trouver des moyens « politiques et réguliers » pour éviter dans l'avenir le conflit des deux pouvoirs. Talleyrand, ministre des Relations extérieures, avait écrit à Bonaparte une lettre confidentielle pour lui demander son avis à ce sujet et lui annoncer l'envoi de Sieyès en Italie. Cette lettre ne s'est pas retrouvée, mais nous avons la réponse du général qui est, suivant sa propre expression, « un code complet de politique ». Il y traitait de belle manière la Constitution de l'an III[2] :

« Malgré notre orgueil, nos mille et une brochures, nos harangues à perte de vue et très bavardes, nous sommes très ignorants dans la science politique morale. Nous n'avons pas encore défini ce que l'on entend par pouvoir exécutif, législatif et judiciaire. Montesquieu nous a donné de fausses définitions, non pas que cet homme célèbre n'eût été véritablement à même de le faire, mais son ouvrage, comme il le dit lui-même, n'est qu'une espèce d'analyse de ce qui a existé ou existait; c'est un résumé des notes faites dans ses voyages ou dans ses lectures. Il a fixé les yeux sur le gouvernement d'Angleterre. Il a défini, en général, le pouvoir législatif, exécutif et judiciaire.

« Pourquoi, effectivement, regarderait-on comme une attribution du pouvoir législatif le droit de guerre et de paix, le droit de fixer la quantité et la nature des impositions? La Constitution a confié avec raison une de ces attributions à la Chambre

---

1. *Œuvres de Rœderer*, t. III, p. 295.
2. *Correspondance de Napoléon*, n° 2223.

des communes, et elle a très bien fait, parce que la Constitution anglaise n'est qu'une charte de privilèges : c'est un plafond tout en noir, mais bordé en or.

« Comme la Chambre des communes est la seule qui, tant bien que mal, représente la nation, seule elle a dû avoir le droit de l'imposer; c'est l'unique digue que l'on a pu trouver pour modifier le despotisme et l'insolence des courtisans.

« Mais dans un gouvernement où toutes les autorités émanent de la nation, où le souverain est le peuple, pourquoi classer dans les attributions du pouvoir législatif des choses qui lui sont étrangères? Depuis cinquante ans, je ne vois qu'une chose que nous avons bien définie, c'est la souveraineté du peuple; mais nous n'avons pas été plus heureux dans la fixation de ce qui est constitutionnel que dans l'attribution des différents pouvoirs.

« L'organisation du peuple français n'est donc encore véritablement qu'ébauchée.

« Le pouvoir du gouvernement, dans toute la latitude que je lui donne, devrait être considéré comme le vrai représentant de la nation, lequel devrait gouverner en conséquence de la charte constitutionnelle et des lois organiques ; il se divise, il me semble, naturellement en deux magistratures bien distinctes, dont une qui surveille et n'agit pas, à laquelle ce que nous appelons aujourd'hui pouvoir exécutif serait obligé de soumettre les grandes mesures, si je puis parler ainsi, la législation de l'exécution : cette grande magistrature serait véritablement le Grand Conseil de la nation ; il aurait toute la partie de l'administration ou de l'exécution qui est, par notre Constitution, confiée au pouvoir législatif.

« Par ce moyen, le pouvoir du gouvernement consisterait dans deux magistratures, nommées par le peuple, dont une très nombreuse, où ne pourraient être admis que des hommes qui auraient déjà rempli quelques-unes des fonctions qui donnent aux hommes de la maturité sur les objets du gouvernement[1].

« Le pouvoir législatif ferait d'abord toutes les lois organiques, les changerait, mais pas en deux ou trois jours, comme l'on fait : car une fois qu'une loi organique serait en exécution, je ne

---

1. Ce système de la *gradualité* des fonctions vient de Mirabeau, qui l'avait exposé à la Constituante le 10 décembre 1789, en disant que sans cette précaution la Constitution future ne serait qu'un « beau songe philosophique ».

crois pas qu'on pût la changer devant quatre ou cinq mois de
discussion.

« Ce pouvoir législatif, sans rang dans la République, impas-
sible, sans yeux et sans oreilles pour ce qui l'entoure, n'aurait
pas d'ambition et ne nous inonderait plus de mille lois de cir-
constance qui s'annulent toutes seules par leur absurdité et qui
nous constituent une nation sans lois avec trois cents in-folios
de lois. »

Talleyrand songeait alors à se présenter aux élections pour le
Directoire. Il semble avoir voulu, en vue de cela, s'entendre
avec Bonaparte et Sieyès. Mais sa candidature fut écartée, et il
garda, sur les doctrines constitutionnelles du général, le secret
que celui-ci demandait à la fin de sa lettre. Bonaparte pensait
cependant que les directeurs tireraient parti du succès de leur
coup d'État pour fortifier leurs pouvoirs. « Il fallait », dit-il plus
tard à l'un d'entre eux, Reubell, « prendre l'initiative des lois,
prolonger la durée du Corps législatif et du Directoire exécutif,
enfin profiter du moment. » À quoi Reubell répondit : « S'il
n'avait dépendu que de moi, j'aurais certainement tenté de con-
solider le gouvernement. Mais de trois que nous étions pour
faire le 18 Fructidor, l'un[1] était amoureux de la Constitution de
l'an III, dont il avait été l'un des créateurs, et personne ne pouvait compter sur l'autre[2], qui a perpétuellement trahi tous les
partis... D'ailleurs, les choses n'étaient pas à leur point de
maturité : le gouvernement directorial, tel qu'il était, leur
paraissait déjà trop oligarchique[3] ! »

Après le traité de Campoformio, à l'instant où la gloire et la
popularité de Bonaparte parurent avoir atteint leur point cul-
minant, il songea peut-être à s'emparer du pouvoir et il osa pro-
duire publiquement son opinion sur la Constitution de l'an III.
Reçu en grande pompe au Luxembourg à son retour de Rastatt,
il prononça un discours dont la première phrase était hardie :
« Lorsque le bonheur du peuple français sera assis sur les meil-

1. Larevellière-Lépeaux.
2. Barras.
3. *Reubell et Bonaparte*, conversation de Reubell avec le Premier Consul
(1802), *Nouvelle Revue rétrospective*, 10 juin 1904. Reubell lui-même, au
témoignage de Barras, avait hésité à faire le coup d'État, et c'est lui qui rédigea la fameuse affiche placardée le 18 fructidor menaçant de la fusillade quiconque rappellerait la royauté ou la Constitution de 1793. Le brouillon de sa
main a été conservé dans ses papiers.

leures lois organiques, l'Europe entière sera libre. » La plupart
des assistants, remarque un témoin, au lieu de *les meilleures
lois*, entendirent *de meilleures lois organiques*. « Dans le premier cas, c'était un reproche déguisé ; dans le second, le reproche
était patent. Ces mots... parurent à tous ceux qui les entendirent
étranges et audacieux[1]. »

Pourtant, il semble que de ce jour on se soit exprimé plus
librement sur la revision constitutionnelle. Un député, Romault,
osa dire, dans le Conseil des Anciens, qu'il lui semblait « dou-
loureux d'avoir une constitution et d'être obligé d'en déchirer
chaque jour quelques pages » et, dénonçant le « germe de mort »
que renfermait le régime de l'an III, il proposa, sans être écouté,
de mettre tout de suite à l'étude les modifications nécessaires[2].
Le bruit de prochains changements constitutionnels devint
même assez précis et assez intense pour que le gouvernement
en fît démentir la nouvelle et combattre l'idée par les journaux
officieux[3], pour qu'un député, Rouchon, proposât de voter une
« loi de garantie » et pour que le président du Conseil des
Anciens, Baudin (des Ardennes), dénonçât le projet de revision
comme « une suggestion payée par l'Angleterre »[4]. La persis-
tance du désordre à l'intérieur, la prolongation de la guerre et
bientôt les défaites qui suivirent la seconde coalition accen-
tuèrent encore le mouvement. On peut en suivre le progrès en
remarquant la tendance de plus en plus marquée du Conseil des
Cinq-Cents à désigner comme candidats au Directoire, lors des
élections annuelles ou exceptionnelles, des officiers généraux de
l'armée ou de la marine, de qui l'on attendait sans doute une
action politique énergique et une concentration des pouvoirs.
Sur dix candidats, on trouve en l'an V, à chacune des trois élections, trois généraux ou amiraux ; en l'an VI, trois généraux,
avec un total de voix supérieur ; en l'an VII, ils sont quatre,
dont le premier de la liste, Lefebvre ; après le 30 prairial, on en
compte cinq pour la première élection, six pour la seconde, sept

---

1. Dulaure, *Esquisses historiques des principaux événements de la Révolution française*, t. IV, p. 461. M. Aulard (*Histoire politique de la Révolution française*, p. 693) donne, en le soulignant, le texte « *de meilleures
lois* ». La plupart des manuels scolaires le transcrivent ainsi d'après lui. Tous
les journaux et la *Correspondance de Napoléon* donnent « *les meilleures lois* ».

2. *Moniteur* du 2 pluviôse an VI.

3. *Ibid.*, 23 pluviôse an VI et 15 floréal an VII.

4. *Ibid.*, 18 floréal an VI et 26 messidor an VII.

pour la troisième, et le Conseil des Anciens, jusque-là rebelle, élit l'un d'entre eux, le sixième de la liste et le plus insignifiant, le général Moulin.

Le dernier témoignage, et le plus catégorique, de l'opinion prononcée en faveur d'une réforme est contenu dans un article de la *Décade philosophique* en date du 10 brumaire an VIII, huit jours avant le coup d'État de Bonaparte. Sous ce titre peu exact et assez vague : *Affaires étrangères, considérations générales*, l'auteur anonyme[1] faisait une critique en règle de la Constitution de l'an III. Il lui reprochait d'abord de contenir en germe la politique de conquête et de propagande. Il regrettait l'absence d'un article définissant les relations extérieures de la République, reproduisant par exemple le décret de la Convention qui promettait de ne pas s'immiscer dans les affaires intérieures des autres états. Avoir supprimé cet article, c'était justifier les inquiétudes des gouvernements monarchiques sur notre esprit de prosélytisme démocratique et républicain. De même, faire l'énumération des départements de la République, en y comprenant les pays conquis, était une mesure maladroite. Proclamer qu'on ne céderait rien du territoire ainsi défini, c'était proclamer qu'on serait toujours fort et heureux, c'était « annoncer qu'aucune guerre ne doit avoir de fin que par l'anéantissement total des Français ».

Passant de là aux questions intérieures, l'auteur signalait la rivalité inévitable du Corps législatif et du Directoire, sur laquelle « tout a été dit », la mauvaise procédure des lois de finances, puisque les Cinq-Cents, en possession du droit de repousser chaque année toutes les contributions et de transformer les administrations publiques sous prétexte d'économies, possédaient « le moyen constitutionnel de détruire chaque année le gouvernement et de mettre la République en question ». De tout cela ressortait la nécessité de proposer dès maintenant un remaniement de la Constitution. On devait s'y prendre de bonne heure, puisqu'il fallait neuf ans pour la revision légale. Il n'y avait pas à craindre de « diminuer l'attachement des Français » pour le système politique de l'an III : « On ne renverse pas une colonne parce qu'on lui donne un autre chapiteau. » Quant

---

1. Il est possible que ce soit Daunou. On retrouve dans l'article la plupart de ses idées et quelque chose de son style.

au contenu de la réforme demandée, l'auteur de l'article n'en indiquait que deux points essentiels : 1° rendre obligatoire le choix des députés parmi les magistrats et fonctionnaires élus ayant déjà l'expérience des affaires publiques[1] : 2° concentrer les pouvoirs et les coordonner : « Tout ce qu'il y a de bons esprits en France ont reconnu la nécessité d'un pouvoir conservateur qui, semblable à la clé d'une voûte, retiendrait dans sa place chaque partie de l'édifice constitutionnel. »

Il est donc certain qu'avant le coup d'État de Brumaire un changement constitutionnel semblait nécessaire en France, du seul fait des imperfections constatées dans l'acte de l'an III. On a signalé plus d'une fois l'existence, vers la fin du Directoire, d'une sorte de parti républicain réformateur, composé en majorité de fructidoriens, mais désireux « de reconstituer, d'établir solidement, de fonder quelque chose ». Le plus remarquable des historiens du coup d'État de Brumaire, si sévère qu'il soit pour les représentants du régime parlementaire, a même reconnu chez les « néo-modérés », ou du moins chez quelques-uns, « le désir honnête d'assainir, de régénérer la République »[2]. On cite parmi eux, « dans les Conseils ou à l'Institut, Boulay (de la Meurthe), Chazal, Lemercier, Cornet, Cornudet, Régnier, Fargues, Frégeville, Villetard, Baudin des Ardennes », dans le ministère Talleyrand, Rœderer dans la presse. On leur donne pour chef Sieyès. On ne pense pas une minute à comprendre dans leur nombre les directeurs déchus, Reubell, Merlin, Larevellière, ni leurs amis ou leurs agents politiques, Daunou, Monge, Faipoult, Delacroix. Et cependant, ceux-là n'ont pas borné leurs efforts à critiquer ou à présenter de vagues projets de réforme. Ils ont fait des constitutions, ils les ont appliquées et retouchées, tâchant d'y employer le résultat de leurs expériences ; ils ont ainsi mis en articles, et en pratique, différentes nuances du régime républicain qui marquent en quelque sorte, de la Constitution de l'an III à celle de l'an VIII, et du Directoire au Consulat, une série de transitions parfaitement visibles, quoique la dictature de Bonaparte n'en fût pas la suite inévitable. Ces régimes sont ceux qui furent établis, sous l'influence ou par la volonté des directeurs de la République française, dans

---

1. On reconnaît l'idée de la *gradualité* chère à Mirabeau.
2. A. Vandal, *L'Avènement de Bonaparte*, t. I, p. 76-77.

les « Républiques sœurs », cisalpine, batave, helvétique, romaine[1].

II.

L'histoire des régimes politiques établis dans le nord de l'Italie en 1797 est particulièrement significative, parce que les essais ont été plus nombreux, les retouches plus fréquentes, et parce qu'ici le futur auteur du 18 Brumaire et de la République consulaire a collaboré avec les fondateurs et les bénéficiaires de la République directoriale.

Quand Bonaparte entra en Italie au printemps de 1796, il n'était nullement convaincu que les Italiens fussent « mûrs pour la liberté », et en admettant qu'ils l'eussent été, rien ne prouvait alors qu'il serait possible de les « affranchir ». On sait comment, petit à petit, il s'engagea envers eux par des promesses, se laissa gagner par les prières et les preuves de dévouement, au point de se faire le champion de la liberté italienne, non seulement envers les Autrichiens, mais envers le Directoire. On lui avait défendu, de Paris, de laisser s'établir une République en Lombardie, pour ne pas compromettre la paix future avec l'Autriche, naguère encore maîtresse du Milanais. Mais on avait été moins rigoureux pour les terres du pape. Quand l'armistice de Bologne (23 juin 1796) nous livra les légations, Bonaparte ne fit aucun effort pour y empêcher la réunion d'un Congrès, qui organisa le pays en confédération et, en attendant mieux, fournit des auxiliaires à l'armée. A la fin de décembre, un second Congrès, assemblé à Reggio, proclamait l'indépendance de la République cispadane, une et indivisible[2]. Bonaparte autorisa même la convocation d'une Convention nationale. « Vous êtes plus heureux que le peuple français », écrivait-il au président du Congrès, « vous pouvez arriver à la liberté sans la révolution et ses crimes ».

L'attaque d'Alvinczy, la campagne du Tyrol, les négociations

1. Nous négligeons à dessein la république ligurienne, dont la Constitution résulta d'un traité bilatéral conclu par Bonaparte, et la république napolitaine fondée par Championnet, contrairement aux ordres qu'il avait reçus. Voir sur ce point G. Sabini, *I primi esperimenti costituzionali in Italia.* Turin, 1911, in-8°.

2. *Correspondance de Napoléon.* n°° 1349 et 1350.

de Leoben, les affaires de Venise ne laissèrent pas au général le temps de s'occuper davantage de la Cispadane. La nouvelle République eut donc le loisir de faire et d'adopter elle-même sa Constitution, et il en résulta ce fait, surprenant et pourtant exact, que de tous les pays « affranchis » en Italie pendant la période du Directoire, celui dont la Constitution est le plus semblable à celle de la France est cette République éphémère, la seule qu'on ait laissée libre de choisir ses institutions[1]. Les différences entre les deux textes sont insignifiantes, sauf en ce qui concerne le nombre des directeurs, réduit à trois, et la liberté religieuse, supprimée en Cispadane, à la réserve d'une tolérance consentie en faveur des juifs seuls[2].

Le piquant est que le Directoire de France trouva ce zèle imitateur excessif. Il avait déjà rejeté la proposition, envoyée de Milan par Miot, porte-parole de Bonaparte, de réunir dans les pays conquis de l'Italie une grande Convention nationale « comme en Hollande »[3]. Il repoussa pareillement la demande d'un gouvernement provisoire qui organiserait la République lombarde, demande apportée à Paris par les députés milanais. · « Le meilleur », répondit le directeur Reubell, « est de *leur donner une Constitution toute faite*, et de ne permettre ensuite les assemblées que pour les élections nécessaires à la mise en activité »[4]. Ainsi l'on éviterait de compromettre trop complètement les Italiens envers l'Autriche, s'il fallait évacuer la Lombardie à la paix, et l'on n'aurait plus, dans le cas contraire, qu'à laisser le régime républicain en vigueur après avoir proclamé l'indépendance du pays.

C'est ce qui fut prescrit à Bonaparte, en un style quelque peu diffus, par Larevellière-Lépeaux, interprète de ses collègues[5]. Le général proclamerait, de lui-même, comme simple *règlement*, en l'appliquant à la Lombardie et aux Légations réunies, la Constitution cispadane. Seulement, le Directoire, la trouvant trop entièrement « calquée » sur celle de l'an III, y faisait introduire

1. La Constitution adoptée par le congrès le 27 mars fut votée par les assemblées primaires au milieu d'avril 1797.
2. Sabini, *I primi esperimenti...*, p. 27-31.
3. Affaires étrangères, *Mémoires et documents, Italie*, vol. 12, fol. 64.
4. Note autographe de Reubell, 16 germinal an V (Arch. nat., AF iii, 74).
5. *Mémoires de Larevellière-Lépaux*, t. II, p. 281. Minute aux Arch. nat., AF iii, 442.

des changements, les mêmes ou à peu près qu'il devait aussi, nous
le verrons, conseiller à la Hollande et imposer à la Suisse.

Les commissaires de la trésorerie seraient nommés par le
Directoire et non par le Corps législatif, comme en France.
« Nous nous apercevons chaque jour », écrit Larevellière,
« que cet ordre de choses occasionne un tiraillement effroyable. »
Le nombre des députés serait réduit à 120 membres pour le
premier Conseil et 60 pour le second : « Ils feront tout aussi
bien les lois, et même mieux, quelque grand que soit un état. »
La capitale devrait être placée dans « un petit endroit central » en dehors des grandes villes : « Nous avons l'exemple de
la Hollande et de l'Amérique, qui vient de faire bâtir un petit
lieu central tout exprès. » Enfin, on ne laisserait pas aux Assemblées législatives le soin de préparer et de voter elles-mêmes les
lois organiques et le « système » de finances. « Notre exemple »,
disait-on à Bonaparte, « doit vous apprendre combien il est
funeste d'attendre tout cela d'un nouveau Corps législatif, qui
par mille causes diverses se traîne pendant un temps considérable dans la carrière législative et surtout dans celle des
finances, et laisse pendant de longues années un gouvernement
naissant dans le marasme et toujours en danger de périr. » Pour
faire toute la législation judiciaire, administrative, financière,
militaire, etc., les directeurs indiquaient le moyen qui avait
leurs préférences : nommer autant de commissions, « de trois
personnes seulement, ayant ordre absolu et positif de donner
leur travail dans un mois au plus tard ». Le général publierait
ensuite, avec ordre d'exécution, les textes rédigés par cette
méthode expéditive.

Bonaparte ne devait pas oublier le programme que lui traçaient
ainsi les « avocats » du Directoire. Cette procédure de législation
est exactement celle qu'il emploiera deux ans et demi plus tard,
pendant la période du Consulat provisoire, au lendemain du coup
d'État de brumaire. Au printemps de 1797, ses idées politiques
n'étaient pas encore bien arrêtées. Il hésitait à rejeter, comme
imparfaite, la Constitution de l'an III qu'il avait contribué à éta-
tablir et qu'il venait de laisser transporter en Cispadane. Même
si le Directoire lui avait donné carte blanche à cet égard, il n'est
guère probable qu'il aurait bâti de toutes pièces un nouveau
régime en Italie. « Il était difficile », dira-t-il lui-même un peu

plus tard, « de faire une nouveauté au milieu des tracas de la guerre et des passions »[1]. Ce fut donc la constitution française qu'il appliqua en Cisalpine, et il la présenta comme telle aux Italiens. « Le Directoire de la République française », disait-il dans sa proclamation du 29 juin 1797, « donne au peuple cisalpin sa propre constitution, le résultat des connaissances de la nation la plus éclairée de l'Europe[2] ». Il y eut seulement quelques légères modifications, dont la plus importante touche au droit de suffrage. L'accès des Assemblées primaires, fermé en France à qui ne payait pas une contribution directe, foncière ou personnelle, n'était refusé en Cisalpine qu'aux individus vivant d'aumônes. Pour le reste, et sauf la nomination par le Directoire des commissaires de la Trésorerie, qui avait été, comme nous l'avons vu, suggérée de Paris, il n'y a de notable que la procédure de nomination des directeurs, où l'on avait fait une petite place au principe du tirage au sort[3].

Bonaparte lui-même ne prenait pas très au sérieux cette constitution. Il n'en fit qu'une application apparente, nomma lui-même toutes les autorités, les directeurs, les membres des Conseils des 60 et des 120, les juges, les administrateurs. Il disait tout crûment aux diplomates autrichiens, quand il les rencontra aux conférences d'Udine : « Je vous avouerai que je suis, moi, le Directoire exécutif de la République cisalpine, et que cela doit être ainsi jusqu'à ce qu'elle ait pris assez de consistance pour voler de ses propres ailes[4]. » Il sentait bien que le jour où l'autorité du général français serait retirée, les passions politiques déchireraient la Cisalpine, sans que le Directoire de Milan, désarmé comme celui de Paris contre les attaques de la presse et des clubs, fût en état d'y porter remède. Après fructidor, il crut trouver dans le Directoire français des dispositions à changer ce régime. Nous avons vu qu'à ce moment il attendait des « triumvirs » une transformation de la République française. Il pensait à donner l'exemple en Cisalpine et c'est sans doute pour cela que Talleyrand voulait lui adresser Sieyès. Il en parla même officiellement au Directoire. « Je demande », écrit-il

1. *Correspondance de Napoléon*, n° 1967.
2. *Ibid.*, n° 1966.
3. Sabini, *I primi esperimenti*, p. 36.
4. Rapport de Cobenzl dans Hüffer, *Der Frieden von Campoformio*, p. 148.

le 21 septembre 1797 [1], « que vous nommiez une commission de trois membres parmi les meilleurs publicistes pour organiser la République d'Italie. La Constitution que nous lui avons donnée ne lui convient pas... ». Et, quelques jours plus tard, quand le secrétaire de Barras, Bottot, paraît au quartier général avec une mission officieuse, Bonaparte lui fait des confidences politiques : il critique le 18 fructidor et le gouvernement militaire, esquisse quelques-unes de ses créations futures, la Légion d'honneur par exemple, parle de réconcilier les partis, de placer et d'employer en Italie même les mécontents, ou ceux qu'on estimera dangereux à Paris « sous quelque rapport politique que ce soit ». Enfin, rapporte Bottot [2], il « désire que le Directoire veuille bien envoyer près de lui trois publicistes connus afin de rédiger un plan de Constitution pour l'Italie et d'en organiser le gouvernement. Il demande avec instance Sieyès, auquel il désigne pour collègues Rœderer et Benjamin Constant. Il désire des hommes qui aient une réputation imposante. On a réimprimé à Gènes et à Milan la Constitution de 1793... ». Ces projets n'agréaient guère au Directoire. Sieyès était suspect, on allait bientôt l'expédier à Berlin. Rœderer semblait approbateur un peu tiède du coup d'État. Benjamin Constant était plus « prononcé », mais on lui reprochait Mme de Staël, poursuivie avec acharnement par la police à ce moment même. En marge des rapports de Bottot, Larevellière écrivit : « On va chercher des publicistes qui puissent remplir l'objet de cet article. » Et on ne chercha personne.

Bonaparte en éprouva sans doute de l'humeur. Avant de quitter l'Italie, lorsqu'il eut signé la paix de Campo-Formio, il se donna l'agrément, sous prétexte de conseils au gouvernement génois, de censurer indirectement, dans une lettre publique, le régime politique de la France. Mais le Directoire français n'en parut nullement fâché, au contraire. Il fit insérer la lettre dans les journaux, et le *Moniteur* [3] y ajouta des commentaires significatifs. Il comparait Bonaparte à Télémaque, donnant des conseils aux Crétois, louait sa « noble candeur », affirmait que le « héros français » serait aussi grand « dans le Sénat qu'à la tête des armées » et finissait par dire tout net que ses conseils n'étaient

1. *Correspondance de Napoléon*, n° 2234.
2. Arch. nat., AF III, 473.
3. *Moniteur* du 6 frimaire an VI.

« pas seulement applicables aux peuples de la Cisalpine et de la Ligurie ». Pourtant, il n'y eut rien de fait dans le sens des vœux du général, même après son retour à Paris et son discours sur les « meilleures lois organiques ». Rien, du moins en ce qui concerne l'Italie, car deux autres pays, la Hollande et la Suisse, reçurent du gouvernement français, aux mois de janvier et février 1798, des institutions politiques nouvelles, assez différentes déjà du régime établi en France.

<h3 style="text-align:center">III.</h3>

Par le traité de paix et d'alliance signé à La Haye le 16 mai 1795, la République française avait reconnu l'indépendance des Provinces-Unies, alors que le régime politique de ce pays était encore provisoire. Un article du traité stipulait bien la garantie de l'abolition perpétuelle du stathoudérat, c'est-à-dire le maintien d'un régime républicain, mais sans aucune indication sur la Constitution de la République qu'on n'appelait pas encore batave. Il avait été convenu, en principe, que l'on convoquerait une Assemblée constituante ou Convention nationale, à l'image de ce qui s'était fait en France, mais le Directoire n'eut aucune part aux mesures prises à ce sujet, et tout ce qu'il se crut permis fut de faire faire quelques démarches « excitatives » par son ambassadeur à La Haye. C'est seulement à la fin de janvier 1796 que la convocation de la Convention fut ordonnée par les États-Généraux. L'Assemblée se réunit le 1er mars, et lorsque l'ouverture de ses séances fut notifiée au gouvernement français, le ministre des Relations extérieures, Charles Delacroix, eut soin de rappeler que, si le Directoire avait « secondé les efforts des vrais amis de la liberté », c'était toujours sans blesser l'indépendance du pays[1]. Dans la suite, et lorsque les délibérations de la Convention commencèrent, il n'est pas douteux que les représentants de la France usèrent de toute leur influence pour faire établir un gouvernement aussi centralisé que possible, de manière à ce que le Directoire pût disposer plus aisément, par son intermédiaire, des forces maritimes de la Hollande dans la lutte contre l'Angleterre. Mais notre représentant diplomatique à La Haye, Noël, mettait une certaine réserve dans les

1. V. Legrand, *la Révolution française en Hollande*, p. 142-155.

« conseils » qu'il donnait au gouvernement provisoire batave,
à la fois par modération naturelle et parce qu'il était difficile,
sinon dangereux, d'employer la contrainte morale ou la menace
contre les membres de commissions exécutives élues, assez nombreuses et pratiquement irresponsables[1]. C'est seulement après
plus de neuf mois de discussion que le principe du régime unitaire fut admis (décembre 1796). Cinq mois encore se passèrent
jusqu'à ce que le projet de Constitution fût enfin rédigé[2].

C'était une espèce de compromis entre le principe unitaire
soutenu par les démocrates et encouragé par la France et les
anciennes traditions du gouvernement fédéraliste. Les administrations provinciales restaient puissantes à côté du gouvernement central, formé de deux chambres et d'un Conseil d'État
électif de sept membres. L'autonomie financière des provinces
était complète et elles élisaient, en dehors des pouvoirs politiques,
une cour suprême de justice, indépendante, pourvue de grands
pouvoirs et formée de membres inamovibles après une première
réélection, qui pouvaient à leur gré activer ou rendre impossible
l'exercice des autres autorités.

Malgré les dangers de ce régime pour les Pays-Bas eux-
mêmes, malgré la protestation des démocrates, qui plusieurs fois
firent appel à l'intervention française, le Directoire et son
ministre à La Haye crurent devoir conseiller l'acceptation pure
et simple de cette Constitution[3]. Comme ils n'agirent pas à
découvert, les adversaires du nouveau régime purent de leur
côté faire campagne tout à leur aise contre l'acceptation, et
lorsque le texte constitutionnel fut soumis à la ratification populaire, une coalition des démocrates et des fédéralistes réunit
contre l'œuvre de la Convention batave une écrasante majorité.
Cet échec décida le Directoire français à une intervention plus
directe, réclamée du reste par les généraux français Hoche et
Joubert, par le ministre Noël et par les « patriotes bataves ».
Le coup d'État du 18 fructidor, survenu presque au lendemain
du jour où s'était réunie la nouvelle Assemblée constituante des
Pays-Bas, précipita les événements. Noël fut remplacé par Delacroix, prédécesseur de Talleyrand au ministère des Relations

---

1. Noël à Delacroix, 4 pluviôse et 23 ventôse an V (Arch. nat., AF III, 69).
2. V. Colenbrander, *Gedenkstukken der allgemeene Geschiedenis van Neder-
land*, t. II, p. 81-95 et 181-183.
3. Dépêche de Noël, 30 thermidor an V (Arch. nat., AF III, 69).

extérieures, et qui reçut pour instructions de procurer l'acceptation rapide d'une Constitution unitaire. Si les « moyens de persuasion » ne suffisaient pas, la République batave était menacée assez clairement d'annexion ou de partage ; en tout cas, le régime militaire devait y être rétabli[1].

Delacroix, arrivé à La Haye à la fin de décembre 1797, se mit à l'œuvre tout de suite. Il entra en rapports avec les chefs du parti unitaire, se mit d'accord avec eux sur un certain nombre de « points constitutionnels »[2] (les mêmes, à peu près, qui servaient de base au gouvernement français) et chargea son secrétaire Brahain-Ducange, ancien interprète de la légation française sous Louis XVI, de rédiger un projet de constitution. Lui-même y fit quelques retouches, puis l'envoya au Directoire. C'est le jurisconsulte Merlin (de Douai), récemment nommé directeur en remplacement de Barthélemy, qui fut chargé d'examiner ce texte. Il y fit un assez grand nombre de changements sur le manuscrit qui nous a été conservé[3], de sorte qu'on peut savoir exactement quel régime politique le Directoire, s'il s'était cru libre de le faire, aurait souhaité établir dans la République batave.

Un premier point digne de remarque est que la future Constitution n'est pas du tout un décalque de la Constitution française de l'an III, comme on le prétend d'ordinaire. C'est le projet rejeté par les assemblées primaires qui a servi de base et les modifications qu'il a subies sont destinées, les unes à plaire aux électeurs bataves et à leur faire accepter le régime nouveau, les autres à renforcer les pouvoirs du gouvernement central et à le rendre plus indépendant, comme le Directoire français aurait désiré pouvoir l'être lui-même. Pour satisfaire l'opinion publique et pour assurer à la nouvelle Constitution le suffrage des « patriotes », Delacroix et Merlin admettent dans les assemblées primaires tous les citoyens bataves, sans condition de cens. Delacroix les aurait admis de même aux assemblées électorales, dont les membres étaient nommés par les électeurs du second degré. Merlin rétablit le cens des électeurs, mais il le fixe à un chiffre de revenu inférieur de plus de moitié à celui qui est exigé en France : dans les campagnes, le propriétaire d'un bien rural

---

1. Legrand, *la Révolution française en Hollande*, p. 165.
2. Affaires étrangères, Cofr. polit., *Hollande*, vol. 598, fol. 71.
3. Arch. nat., AF iii, 70.

rapportant quarante-deux francs par an peut être nommé électeur. Pour assurer dans une certaine mesure l'indépendance des
électeurs à l'égard des fonctionnaires, on a créé des circonscrip-
tions électorales (districts, arrondissements, quartiers) différentes des divisions administratives et qui nomment à tour de
rôle les administrateurs électifs de la commune et du département. Une part assez large est faite au sort dans les élections,
puisque ce sont des électeurs du troisième degré, tirés au sort
parmi ceux du second degré, qui choisissent, sur la liste de candidats établis par ceux-ci, les députés, les administrateurs et les
juges. Les électeurs du second degré concourent directement
au choix des cinq membres du Conseil d'État exécutif. Enfin,
dernière mesure démocratique, un article 276 porte : « Il sera
créé par la loi des institutions propres, d'une part, à pourvoir
aux besoins des membres indigents de la société et, de l'autre, à
tirer des indigents valides des services utiles à la patrie. »

Pour « concentrer » les pouvoirs et augmenter les attributions de l'exécutif, les dispositions du projet sont plus nombreuses et plus précises. Le nombre des membres du Conseil
d'État est réduit. Ils ne sont plus sept mais cinq, comme en
France. Ils n'émanent pas seulement, comme le Directoire français, des deux chambres du Corps législatif. La Chambre des
anciens désigne deux candidats pour chaque poste à pourvoir et
ce sont les électeurs qui choisissent, dans les assemblées de
district. Comme les Conseils sont renouvelés par quart chaque
année et que les élections législatives ont lieu avant le renou-
vellement du Conseil d'État, elles peuvent donner une indication
précise en faveur de futurs candidats aux fonctions exécutives.
En tout cas, les membres du Conseil d'État pouvaient trouver
dans ce mode d'élection un renfort d'autorité morale en cas de
conflit avec le Corps législatif. Ce cas est du reste prévu et l'article 175 dispose : « Le Corps législatif ni aucune autre autorité
ne peut casser les arrêtés du Conseil d'État. » Cet article, ajoute
le rédacteur en note, « résout la difficulté que le Conseil des
Cinq-Cents élevait en France avant le 18 fructidor ». Le Directoire français avait aussi beaucoup souffert de n'avoir, sur la
Trésorerie nationale, aucune influence. La Constitution de
l'an III confiait le soin d'assurer le paiement des dépenses
publiques aux commissaires de la Trésorerie, nommés par le
Corps législatif et dépendant de lui seul. Si la majorité le vou-

lait, les commissaires nommés par elle pouvaient faire manquer tous les services, affamer le Directoire. Ils l'avaient fait en l'an V, avant le coup d'État. Aussi voyons-nous Delacroix et Merlin d'accord pour confier, en Hollande, au Conseil d'État seul la nomination des commissaires de la Trésorerie et de la Comptabilité. Ils lui donnent aussi le droit de destituer les membres de *toutes les administrations*, ensemble ou séparément, et de les remplacer provisoirement, le droit de choisir les commissaires qui le représentent dans chaque département, non pas seulement parmi les habitants du département même, comme en France, mais dans toute l'étendue du territoire. Pour garantir d'avance le gouvernement contre le danger d'élections « mauvaises », la précaution employée en France après fructidor, par une loi spéciale, sera introduite dans la Constitution batave : tous les électeurs devront prêter serment d' « invariable aversion pour le gouvernement stathoudérien, le fédéralisme, l'aristocratie et l'anarchie » et promettre de ne jamais voter pour les partisans de ces doctrines.

S'il fallait encore une preuve des arrière-pensées personnelles apportées par les directeurs français dans ces projets de réforme, on la verrait plus sûrement encore en tout ce qui, dans le projet de constitution batave, se rapporte au pouvoir judiciaire. Merlin de Douai lui-même, comme ministre de la Justice du Directoire, avait eu de nombreux conflits avec les tribunaux criminels et avec le tribunal de cassation, qu'il avait, à plusieurs reprises, accusé d'empiéter sur la puissance exécutive : « Il faut convenir », dit une note du projet de Constitution, « que nous n'avons point en France de moyens de réprimer les abus et les excès du pouvoir judiciaire. » Ces moyens, on les avait cherchés avec soin pour la Hollande. Le nombre des tribunaux était augmenté. Le Conseil d'État nommait pour chacun d'eux, non seulement le commissaire du gouvernement, mais l'accusateur public qui était toujours le substitut du commissaire. Le jury était supprimé, sans regret : « Il paraît », lit-on en marge de l'article, « que les Bataves ne connaissent point cette institution ou qu'ils ont contre elle des préventions que n'a pas dû dissiper, il en faut convenir, l'expérience que nous en avons faite depuis six ans. » Le ministre de la Justice était investi du droit de régler, à lui seul, les conflits de juridiction et de suspendre en attendant les procédures commencées. Enfin, toute une série de dispositions spéciales permettait au gouvernement, s'il avait à se plaindre d'un tribunal, fût-ce le tribunal de cassation, d'en faire juger les membres pour forfaiture par une commission judiciaire de sept membres choisie par lui-même parmi les magistrats en fonctions. Même dans la législation du premier Empire, on chercherait vainement en France un pareil assujettissement de la magistrature aux autorités politiques. Le fait est d'autant plus remarquable que Merlin de Douai, l'inventeur ou l'approbateur de ces mesures, était un homme de robe et devait exercer plus tard, pendant quinze ans, les plus hautes fonctions judiciaires.

Le projet de Merlin ne devait pas être adopté tel quel par la Constituante batave. Quinze jours de discussions assez âpres, poursuivies en secret à La Haye entre Delacroix et les députés démocrates, aboutirent enfin à un accord provisoire, après lequel une sorte de coup d'État fut préparé et réalisé le 22 janvier 1798. L'Assemblée constituante exclut une trentaine d'opposants, s'attribua ensuite à elle-même le caractère représentatif, nomma un Directoire provisoire et une commission de constitution, qui siégea sans désemparer[1]. L'acte dont elle établit le texte était, sur bien des points, différent du projet de Merlin et Delacroix, puisqu'en particulier il supprime le cens électoral et rétablit en partie, par un détour, le suffrage direct. Mais le Directoire français, si attaché qu'il demeurât, pour son compte, au régime censitaire, ne crut pas devoir intervenir une fois de plus[2]. A partir du milieu de l'année 1798, la Constitution, adoptée cette fois par une forte majorité dans les assemblées primaires, fut régulièrement appliquée jusqu'en 1801, époque où Bonaparte la fit remplacer par une autre, malgré un plébiscite défavorable.

IV.

La méthode conciliante, le système des négociations occultes et des interventions masquées avait paru au Directoire inévitable aux Pays-Bas, sans doute à raison des habitudes de la

---

1. Ce travail fut si hâtif que la rédaction est parfois incorrecte et qu'il y a des dispositions contradictoires. Voir *Constitution du peuple batave*. Paris, Jansen, an VI.

2. « Il faut vous arranger chez vous », disait Reubell au ministre batave van Dedem, « nous sommes fâchés de devoir nous mêler de vos affaires internes. » Colenbrander, *Gedenkstukken*, t. II, p. 802.

population, des traditions républicaines qui s'y étaient conser-
vées et aussi parce que l'indépendance des Bataves était déjà
inscrite dans le traité d'alliance. Ces conditions ne se retrouvaient pas pour les autres républiques fondées au delà de nos
frontières et à qui la France voulut donner une Constitution.
Aussi les procédés employés furent-ils différents. C'est la Suisse
dont le cas ressemble le plus à celui de la Hollande. Pour des
raisons qu'il serait trop long de développer ici[1] (la principale
était d'obtenir un passage permanent par le Valais et le Simplon
pour les armées françaises), le Directoire voulut remplacer la
Confédération des cantons suisses et de leurs alliés par une
république helvétique unitaire. Cette transformation fut décidée,
d'accord avec le général Bonaparte, en même temps que l'affran-
chissement du pays de Vaud, jusque-là soumis au Bernois et qui
avait, par l'intermédiaire des patriotes exilés réfugiés à Paris,
sollicité l'intervention française. Le gouvernement de la Confédération, ainsi que les gouvernements cantonaux, était hostile à
toute réforme politique ; d'autre part, les troupes françaises
n'occupaient pas encore le pays et on voulait autant que possible, pour des raisons de politique extérieure, éviter de recourir
à l'occupation. On ne pouvait donc ni faire faire la Constitution
unitaire par une Convention nationale comme aux Pays-Bas,
ni l'imposer d'autorité, par ordonnance militaire, comme pour
les républiques italiennes. On choisit de la faire rédiger à Paris,
presque sous les yeux des directeurs, par un « patriote suisse »,
le grand tribun de Bâle, Pierre Ochs, qui était depuis longtemps
partisan d'un régime démocratique et unitaire pour son pays.
Ochs a cherché plus tard à rejeter sur d'autres la paternité du
texte qu'il contribua à imposer en Suisse et qui fut regardé,
après 1801 et surtout après 1814, comme une monstruosité. En
réalité, il en était bien l'auteur et l'avait rédigé seul (tout au
plus avec la collaboration discrète d'un autre Bâlois, son « ami
de cœur et de révolution », Rémy Frey), après avoir demandé
l'avis de Daunou et de Reubell et sollicité vainement les conseils,
puis les critiques de Bonaparte sur son travail[2]. Mais il soumit
naturellement son texte au Directoire, et, ici encore, le manuscrit porte les traces de corrections nombreuses, opérées par le

1. Voir notre livre sur *le Directoire et la paix de l'Europe*, p. 624 et suiv.
2. Strickler, *Amtliche Sammlung der Akten aus der Zeit der hetretischen
Republik*, t. 1, p. 163 et 587-592.

spécialiste Merlin (de Douai) et dont quelques-unes sont intéressantes[1].

Cette fois, on renonce franchement à feindre de faire rédiger
la Constitution par une Assemblée nationale. Ochs avait d'abord
rédigé un *avant-propos* où il présentait son système de gouvernement comme provisoire. Le Corps législatif helvétique, une
fois installé, consulterait les assemblées primaires sur le point
de savoir si elles voulaient la réunion d'une Constituante. Dans
l'affirmative, on procéderait aussitôt aux élections. D'un trait
de plume, Merlin supprima tout ce préambule et le remplaça par
neuf articles précis et secs, revus en rédaction par Reubell et
qui prescrivaient simplement la procédure de « mise en activité ». Dans chaque canton, les citoyens « déterminés à rentrer
dans les droits inhérents à la liberté et à l'égalité qu'ils tiennent
de la nature » réclameraient par pétition une assemblée primaire, l'établiraient eux-mêmes si le gouvernement du canton
ne l'accordait pas et « se prononceraient » sur le projet de constitution. Puis on choisirait les électeurs, ceux-ci nommeraient
les députés, les administrateurs et les juges. Quand un tiers du
nombre total des membres du Corps législatif seraient nommés
et réunis, ils nommeraient à leur tour les directeurs, ceux-ci les
ministres et les fonctionnaires et il n'y aurait plus qu'à attendre
la réunion des autres cantons. Le projet fut en effet imprimé à
Paris, en trois langues, colporté dans toute la Suisse par les
agents français, accepté par le pays de Vaud, puis par Bâle,
ensuite par Fribourg, Soleure, Lucerne, etc. Des modifications
avaient été proposées et même votées par les assemblées provisoires, à Bâle en particulier, pour diminuer l'influence du pouvoir central et rétablir une sorte de classe de magistrats. Cette
fois, le gouvernement français n'admit aucun changement ; ses
agents diplomatiques et, après l'occupation militaire, ses généraux eurent l'ordre de réclamer une acceptation pure et simple.
Il considérait les patriotes Ochs, Laharpe et autres comme
représentant la « partie éclairée » de la nation suisse, qui avait
le droit de « faire le bonheur d'un peuple ignorant et fanatisé »,
même malgré lui. On lit dans les instructions du commissaire
français Lecarlier : « Il est des hommes, en Suisse surtout,
qu'on dirige plus facilement qu'on ne les éclaire ». Pierre

____

1. Arch. nat., AF III, 81.

Ochs souscrivit sans réserves à ces maximes de pur jacobinisme. Il applaudit aux mesures militaires employées pour faire accepter son « livret » constitutionnel par les cantons démocratiques, et trouva cette formule heureuse : « Il faut sans cesse donner au peuple la souveraineté, mais pour chaque fois lui en dérober l'exercice[1]. »

Ochs, nous le savons, avait, pour rédiger son projet, consulté Daunou et Reubell, à défaut de Bonaparte. C'est d'eux sans doute qu'il avait pris l'idée de la *gradualité* des fonctions, qui était restée chère à beaucoup d'anciens membres de la Constituante. Mais surtout c'est d'eux que paraissent inspirées les nombreuses dispositions propres à fortifier l'autorité centrale, accentuées encore par les retouches de Merlin. Le nombre des directeurs, la division en deux conseils, la procédure législative sont à peu près telles qu'en France ; la nomination des directeurs se fait de même, sauf que les deux conseils alternent pour présenter et choisir les candidats, sur une liste qui est de cinq par siège à pourvoir, au lieu de dix. La chambre la plus nombreuse s'appelle Grand Conseil, ce qui est un titre suisse ; mais l'autre s'appelle déjà Sénat, comme en l'an VIII. Il n'y a plus de cens électoral, et la seule exclusion qui soit prononcée, en dehors des domestiques et des indigents assistés, est celle des ministres des cultes. Ochs avait voulu faire du Grand Conseil une assemblée représentative professionnelle, comprenant un quart de laboureurs ou propriétaires ruraux, un quart d'ouvriers, un quart de commerçants ou industriels, un quart de représentants des professions libérales ; mais cette idée a été écartée par les directeurs français qui acceptent pourtant la prolongation du mandat (huit ans au lieu de trois). Par contre, ils réclament pour le futur Directoire helvétique la nomination de tous les officiers, des commissaires de la Trésorerie, des présidents, accusateurs publics et greffiers de tous les tribunaux supérieurs, la destitution et le remplacement provisoire jusqu'aux élections (qui se font tous les deux ans seulement) des administrateurs et des juges. Les anciens membres du Directoire helvétique entreront de droit au Sénat et pourront y siéger huit ans. Le Directoire aura la proposition « préalable et nécessaire » de toutes les remises et commutations de peine, de la paix, de la guerre et, ce

____

1. *Le Directoire et la paix de l'Europe*, p. 745.

qui est bien autre chose, de tout ce qui concerne les finances (art. 50, ajouté par Merlin). Le Corps législatif ne peut en délibérer sans cela. Enfin, on voit apparaître un personnage destiné à un bel avenir historique : le préfet. Dans chaque canton (on a gardé, à peu près, les anciennes divisions), le Directoire nomme un *préfet national* qui est une véritable puissance. Il n'a pas l'administration entière, puisqu'il subsiste une Chambre administrative élue. Mais, cette Chambre, il en choisit le président et assiste à ses délibérations. Il préside les assemblées d'élection et c'est lui qui « développe », en présence des électeurs, « les principes qui doivent guider le corps électoral ». Il assiste, en chambre du Conseil, aux délibérations des tribunaux inférieurs, nomme le président, le greffier, l'accusateur public et les révoque. Il se fait assister et remplacer au besoin dans chaque district du canton, — y compris le district chef-lieu, — par des sous-préfets révocables à sa volonté. Il nomme enfin les chefs de l'administration communale, les agents nationaux, qui choisissent eux-mêmes leurs adjoints. Si l'on ajoute qu'aucun texte formel n'exclut de ces fonctions des anciens membres des familles patriciennes, pourvu qu'ils aient été « favorables à la liberté », et que rien n'interdit au gouvernement de les prendre dans le pays même où ils furent ci-devant seigneurs, on comprend que les journaux démocratiques de Paris, comme le *Journal des hommes libres*, aient dénoncé la « résurrection de l'oligarchie » et que des réfugiés fribourgeois aient écrit au Directoire pour lui montrer, dans la constitution de Pierre Ochs, « le serpent caché sous les pavots »[1]. Le texte n'en fut pas moins maintenu et adopté tel quel par les cantons suisses, l'un après l'autre. Ce régime ne devait fonctionner dans la République helvétique que pendant deux ans à peine, car il fut mis en activité le 12 avril 1798 et, dès le 7 janvier 1800, la Constitution était renversée. La Suisse entra dès lors dans une période de confusion et de guerre civile d'où elle ne devait sortir que par l'intervention toute-puissante du Premier Consul. A cette date (1803), les projets d'amélioration constitutionnelle du Directoire étaient bien loin.

1. Arch. nat., AF III, 81. Voir un bon résumé de la Constitution dans Sciout, *le Directoire*, t. III, p. 480 et suiv.

V.

Bonaparte était encore à Paris, tout occupé, en apparence au moins, des projets de descente en Angleterre, et le « livret » de Pierre Ochs était sous les presses, quand une occasion nouvelle et inattendue se produisit d'expérimenter en Italie les perfectionnements du régime de l'an III. A la suite d'une échauffourée dans le voisinage de l'ambassade de France à Rome, le général Duphot fut tué, l'ambassadeur Joseph Bonaparte se retira à Florence et bientôt le général Berthier, qui avait pris le commandement de l'armée d'Italie après la paix de Campoformio, recévait du Directoire l'ordre de former, sans en avoir l'air, une République romaine, après avoir expulsé le pape de ses États. Dix jours plus tard, on décidait à Paris d'envoyer pour l'organisation de cette république nouvelle une commission spéciale de trois membres, comme Bonaparte l'avait demandé naguère pour la Cisalpine. Talleyrand, chargé de présenter des « sujets » pour la composer, désigna Cabanis, Daunou, Florent et Monge. Les trois derniers furent choisis. Monge était déjà en Italie, où il avait été envoyé pour recueillir et faire expédier à Paris les « objets de sciences et d'arts », tableaux, statues, manuscrits, etc., obtenus par traités ou enlevés par droit de conquête. Il devait jouer le même rôle à Rome. Florent était un administrateur financier assez habile mais sans notoriété. Le *constituant* de la Commission était Daunou, l'ancien rapporteur de la Constitution de l'an III, celui que Pierre Ochs avait déjà consulté, le futur secrétaire de la Commission constitutionnelle de l'an VIII. On pensa d'abord à lui laisser, pour l'œuvre dont il était chargé, la plus grande latitude.

Le « vœu » des assemblées primaires serait recueilli d'abord, puis la Commission formerait « un gouvernement libre et réprésentatif »[1]. Mais il fallut bientôt compter avec Merlin (de Douai), qui voulait se réserver de bâtir à lui seul le régime politique du peuple romain régénéré. Il présidait le Directoire à ce moment et tenait à honneur d'attacher son nom au renversement de la « théocratie pontificale », car c'était là, selon lui, « l'un des plus grands événements de l'histoire moderne ». La Commission avait été

1. Affaires étrangères, Corr. polit., *Rome*, vol. 926, fol. 309.

nommée le 25 janvier 1798; le 31, Merlin lui prescrivait de
« s'attacher à faire exécuter le projet de Constitution de la
République romaine arrêté par le Directoire exécutif », c'est-à-
dire par lui-même[1].

Ce projet, qui devait en effet être adopté tel quel, nous l'avons
en original. C'est un exemplaire de la Constitution française,
interfolié avec soin et couvert d'amendements et de ratures où
l'on reconnaît aisément l'écriture caractéristique de Merlin[2]. Il
le fit recopier ensuite et imprimer avec ce titre savoureux :
*Constitution de la République romaine, traduite de l'italien
sur une édition authentique*. C'est la dernière en date des constitutions fabriquées par le Directoire, et c'est celle qui était certainement la plus présente à la mémoire des fondateurs du
régime de l'an VIII en France.

C'est de là, tout d'abord, que viendront les termes romains
appliqués aux autorités publiques : le Directoire est un Consulat, les conseils législatifs sont le Tribunat et le Sénat, les commissaires du gouvernement sont des préfets consulaires[3]. Merlin
avait même poussé plus loin le pastiche : il appelait *questeurs*
les receveurs des finances, *grands questeurs* les commissaires
de la Trésorerie, *préteurs* les juges de paix, *hauts préteurs* les
juges de cassation, *scribes* les greffiers, *édiles* les agents muni-
cipaux, *nonces* les messagers d'état, *comices* les assemblées
primaires, *tribus* les assemblées électorales.

La plupart des dispositions introduites dans la Constitution
batave pour renforcer le pouvoir exécutif se retrouvaient dans
la Constitution romaine, sauf les serments imposés aux électeurs. On y voit la gradualité des fonctions (art. 370)[4], la

---

1. Arch. nat., AF III, 498, 12 pluviôse an VI.

2. Arch. nat., AF III, 78.

3. Ce n'est pas, à vrai dire, une nouveauté. M. Aulard (*Histoire politique de
la Révolution française*, p. 661 et 563-564) fait remarquer avec raison que des
noms grecs (éphorat, aréopage) avaient déjà été proposés en l'an III par Rou-
get pour les autorités françaises, et des noms latins (tribunat, consuls) par
Sieyès, Baudin et Daunou lui-même.

4. Voici le texte de cet article : « A compter de ... années, nul ne pourra
être administrateur de département, juge d'un tribunal civil, président d'un
tribunal criminel, ou préfet, ou substitut de préfet consulaire près d'un tribunal civil ou criminel s'il n'a été au moins pendant un an ou préfet consulaire
près d'une municipalité, ou préteur ou assesseur de préteur, ou préfet consulaire près d'un tribunal de censure. A compter de la même année, nul ne pourra
être sénateur, tribun, ministre, haut préteur, préfet consulaire près la haute

procédure de forfaiture contre les juges sur la plainte des consuls, la destitution et le remplacement par le Consulat de toutes les administrations et de tous les tribunaux. Ici encore, c'est avant tout sur la magistrature que le rédacteur de la Constitution romaine a voulu fortifier l'action du gouvernement central. La nomination des accusateurs publics, qui sont en même temps commissaires du Consulat, celles des directeurs de jury d'accusation, le règlement de juges, l'établissement définitif de la liste des jurés sont remis au pouvoir exécutif. Merlin a même supprimé, en tête du titre VIII, l'expression *pouvoir judiciaire* pour la remplacer par *administration de la justice*. Il utilise pourtant les corps de justice, mais c'est pour diminuer les prérogatives du Corps législatif. Les poursuites pour haute trahison n'auront pas lieu à Rome sur un vote des Conseils, mais sur un acte d'accusation de la haute cour de justice, approuvée par le Consulat.

Quatre changements apparaissent encore, dont l'esprit est le même, mais qu'on rencontre pour la première fois. Le cens électoral devient uniforme pour tous les départements, et il est réduit à 150 journées de travail, sans que la qualité de propriétaire soit requise. Les sociétés politiques sont absolument interdites, elles ne peuvent avoir « ni séances publiques, ni président, ni secrétaire ou orateurs, *en un mot aucune organisation* ». A la suite de l'article de la Constitution française qui proclame la liberté de la presse et interdit la censure, on a ajouté : « Cet article n'aura d'exécution qu'après qu'il aura été fait une loi répressive des écrits calomnieux et séditieux ». Enfin, et c'est peut-être la disposition la plus caractéristique, la permanence des Conseils, toujours regardée depuis 1789 comme une garantie indispensable contre l'arbitraire, est radicalement supprimée. Le Tribunat et le Sénat, déjà très réduits en nombre (soixante-douze et trente-deux membres), ne siègent plus que huit mois par an et peuvent s'ajourner sans limite. Il n'y a pas de commission législative intermédiaire.

---

préture, grand questeur, agent diplomatique ou commercial en chef, s'il n'a été pendant au moins un an ou administrateur de département, ou juge d'un tribunal civil, ou président d'un tribunal criminel, ou préfet, ou substitut de préfet consulaire près d'un tribunal civil ou criminel. » On sait que Bonaparte, d'abord favorable à ce système, ne l'introduisit pas dans la Constitution de l'an VIII.

A Rome même, cette Constitution, mise en vigueur officiellement le 20 mars 1798, ne fut pas véritablement appliquée. Un article final du texte de Merlin avait réservé la nomination à toutes les fonctions, même législatives, et toute l'autorité politique au général français jusqu'à la conclusion du traité d'alliance franco-romain. L'état de guerre ayant repris avant que ce traité fût signé, le Consulat, le Tribunat et le Sénat ne devaient être qu'un gouvernement en peinture. Cependant, les hommes qui avaient institué ce régime ne le considéraient pas comme un pur simulacre, puisqu'on l'appliqua un peu plus tard à la Cisalpine, et cela, — le fait est généralement ignoré, — sur la demande des Cisalpins eux-mêmes.

Au début de juin 1798, le ministre cisalpin Serbelloni demanda au Directoire français le remplacement de l'ancienne Constitution, introduite par Bonaparte, par la Constitution romaine. Il y joignait une comparaison des deux textes, article par article, et sollicitait une décision immédiate[1]. Le Directoire, probablement d'accord avec lui d'avance, fit droit sans tarder et chargea son ambassadeur à Milan, Trouvé, d'opérer la réforme de concert avec Daunou et un commissaire envoyé spécialement de Rome, Faipoult. « La Constitution romaine », lui disait-on, « a plus d'énergie, plus d'ensemble et sera par conséquent plus durable. » On peut l'établir sans illégalité, puisqu'en Cisalpine celle qui fonctionne a été décrétée provisoirement par Bonaparte, sans plébiscite d'acceptation. L'ambassadeur fera donc faire les changements, réduira les Conseils, les administrations, les tribunaux à l'effectif nécessaire et verra ensuite « si l'on ne pourrait pas faire adopter le tout dans une fédération bien ordonnée à peu près comme cela s'est fait à Rome ». Si cela présentait des dangers, on se passerait de l'adoption populaire et on laisserait « au temps et aux heureux effets qui doivent résulter de ces changements à les consacrer ».

Ainsi fut fait. Trouvé, aidé de Daunou et de Faipoult, rédigea une Constitution, des lois sur le fonctionnement du Corps législatif, des administrations locales, des tribunaux, un plan de législation financière qui, selon le vœu du gouvernement de Paris, « ne posait que des bases, le Directoire cisalpin étant chargé des détails et des moyens d'exécution ». Les troupes

---

1. Arch. nat., AF III, 526, 15 prairial an VI.

françaises entourèrent les palais des Conseils et du Directoire et le coup d'État fut opéré sur la réquisition écrite de l'ambassadeur Trouvé. Cette réquisition est intéressante parce que Trouvé représente sa réforme comme un exemple[1]. « Il faut en convenir franchement », dit-il, « la Constitution française, excellente pour la grande nation, est accablante pour vous...; elle a créé deux pouvoirs suprêmes qui, sans règles fixes ou moyens suffisants, ont laissé l'autorité publique s'avilir entre leurs mains... Vous vous rappelez les divisions déplorables qui se sont trop souvent élevées entre les Conseils et le Directoire... Le gouvernement a cru trouver le remède en vous offrant une Constitution beaucoup plus vigoureuse et plus stable. Les hommes éclairés avaient indiqué avec tant de précision les défauts et les avantages des constitutions libres établies depuis quelques années qu'il a été facile de faire disparaître de ce dernier code politique les imperfections de ceux qui ont servi de modèle à ses auteurs... Votre Constitution est en quelque sorte le fruit de l'expérience, elle est le perfectionnement de la Constitution actuelle. Elle est même celui de la Constitution romaine, qui pourtant offrait déjà une amélioration considérable dans le système représentatif. » On ne pouvait plus nettement souhaiter et même annoncer une réforme analogue en France. Le plus singulier est que ceux qui s'aperçurent le mieux de ces intentions et protestèrent le plus vivement là-contre sont ceux-là même qui méditaient, en France aussi, le renversement du régime. Le 3 fructidor an IV, Lucien Bonaparte dénonça aux Cinq-Cents le « prétendu perfectionnement du pacte social » qui s'opérait en Cisalpine »[2]. Et après avoir fait une liste, — assez inexacte, — des innovations préparées par Trouvé, « réduire le pouvoir exécutif à trois personnes, ajourner le Corps législatif pendant quatre mois, donner l'initiative des lois au Directoire », il s'écriait : « Tel est le système qui a établi dans Rome le pouvoir des triumvirs, le système qui a fondé la tyrannie de César ». Le Conseil lui donna tort et passa à l'ordre du jour.

On sait par suite de quelles circonstances le « perfectionnement » tel que le concevaient les républicains directoriaux resta limité à la Cisalpine. Mais on comprend mieux le succès que ren-

1. Arch. nat., ibid.
2. *Moniteur* du 4 fructidor. Le discours de Lucien est reproduit en entier dans la *Réimpression*, t. XXIX, p. 350.

contra le coup d'État de Bonaparte et l'appui qu'y donnèrent, par leur neutralité au moins, les députés fructidoriens et les anciens membres du Directoire quand on connaît, par les essais tentés en Hollande, en Suisse, en Italie, leurs projets de réforme constitutionnelle. Mais l'aboutissement de ces projets, la maquette définitive en quelque sorte du régime qu'ils visaient à établir, ce n'est pas la Constitution de l'an VIII, c'est celle que Daunou mit en articles au lendemain du 18 brumaire, lorsqu'il avait encore des illusions sur Sieyès et sur Bonaparte. Taillandier l'a publiée dans ses *Documents biographiques sur Daunou*[1]. Elle aurait fondé tout autre chose, à vrai dire, que le régime de l'an VIII. Il y a bien un Consulat de trois membres, dont un premier Consul[2], élus tous trois pour dix ans, nommant préfets, sous-préfets et maires et participant à l'initiative des lois ; il y a bien un Conseil d'État, un Sénat conservateur, recruté par cooptation et composé de membres inamovibles ; le Corps législatif cesse bien d'être permanent et de faire les lois à lui seul, il est bien soumis, comme les autres corps, à la *graduation* des fonctions. Mais tous les grands pouvoirs restent électifs et renouvelables après peu de temps, députés, administrateurs, juges, consuls même. Le premier Consul n'est jamais rééligible, et s'il commande les armées, il est suspendu de ses pouvoirs civils. Les élections législatives sont à trois degrés, mais le suffrage universel est maintenu à la base. La censure des journaux est rétablie, mais le collège des tribuns, délégation permanente de la Chambre basse, veille sur les libertés publiques dans l'intervalle des sessions parlementaires. Le jury est réglementé soigneusement et choisi avec le concours du pouvoir exécutif, mais les juges sont élus, ils peuvent rester longtemps en fonctions et leur indépendance personnelle est garantie. Les conflits des pouvoirs publics sont prévus et résolus par une ingénieuse procédure d'arbitrage.

Ce n'est cependant pas non plus, comme on l'a dit, la Constitution de l'an III démocratisée seulement par la suppression du cens[3] ; c'est un plan de république libérale, réellement représentative, mais où la stabilité, la coordination des pouvoirs et

---

1. Paris, 1841, in-8°.

2. Poultier avait déjà proposé ce système en l'an III. Voir Aulard, *Histoire politique de la Révolution française*, p. 564.

3. Aulard, *op. cit.*, p. 706.

la prépondérance de l'exécutif sur les points où l'expérience l'avait montrée nécessaire étaient établies avec soin et avec habileté. Sans doute, il est oiseux de regretter, d'imaginer même ce que serait devenue la réforme constitutionnelle opérée par un autre que Napoléon, par Hoche si l'on veut ou par Joubert. Mais puisqu'aussi bien la question a été posée déjà de savoir « ce qu'eût été l'entreprise sans Bonaparte »[1], il était peut-être utile de rechercher ce que furent les essais nombreux par où elle s'était annoncée, en partie avec son concours. C'était bien « un régime à la fois mieux ordonné et plus libéral », le résultat d'un effort suivi pour « reconstituer l'autorité sans verser dans le despotisme »[2], mais cela ne conduisait sans doute nécessairement ni au rétablissement d'une dynastie, orléaniste ou prussienne, ni à la « dictature de Barras », ni à celle de Bonaparte.

1. Vandal, *l'Avènement de Bonaparte*, t. I, p. 120.
2. Id., *Ibid.*, p. 73, 117-119, 252, 396.

Nogent-le-Rotrou, imprimerie DAUPELEY-GOUVERNEUR.